만화로 떠나는
# 우리 동네 식물여행

만화로 떠나는
**우리 동네 식물여행**

초판 1쇄 펴냄 2019년 6월 10일
　　2쇄 펴냄 2021년 5월 7일

지은이 황경택

펴낸이 고영은 박미숙
펴낸곳 뜨인돌출판(주) ㅣ 출판등록 1994.10.11.(제406-251002011000185호)
주소 10881 경기도 파주시 회동길 337-9
홈페이지 www.ddstone.com ㅣ 블로그 blog.naver.com/ddstone1994
페이스북 www.facebook.com/ddstone1994
대표전화 02-337-5252 ㅣ 팩스 031-947-5868

ⓒ 2019 황경택

ISBN 978-89-5807-719-0  77480

이 도서의 국립중앙도서관 출판예정도서목록(CIP)은 서지정보유통지원시스템 홈페이지
(http://seoji.nl.go.kr)와 국가자료종합목록시스템(http://www.nl.go.kr/kolisnet)에서
이용하실 수 있습니다. (CIP제어번호 : CIP2019021066)

어린이제품안전특별법에 의한 제품표시
**제조자명** 뜨인돌출판(주) **제조국명** 대한민국 **사용연령** 만 8세 이상

만화로 떠나는
# 우리 동네 식물여행

황경택 글·그림

뜨인돌

차례

여행을 시작하며 …… 8

## 봄

3월  봄을 재촉하는 목련 이야기 …… 12
   알아 두면 좋을 자연 이야기 …… 28
   (마을의 터줏대감 까치 | 목련, 나무 위의 연꽃)

4월  서로 돕는 꽃과 곤충들 …… 30
   알아 두면 좋을 자연 이야기 …… 46
   (제비꽃은 왜 제비꽃일까? | 벚꽃의 생존 전략)

5월  스스로를 지키는 아까시나무 …… 48
   알아 두면 좋을 자연 이야기 …… 66
   (애기똥풀은 왜 노란 액체를 만들까? | 아까시나무는 억울하다!)

## 여름

6월  도움을 주고받는 나무들 …… 68
   알아 두면 좋을 자연 이야기 …… 86
   (자연에 대한 흔한 오해 | 쓸모 많은 덩굴, 등나무)

7월  열매의 계절, 여름 …… 88
   알아 두면 좋을 자연 이야기 …… 106
   (알콩달콩 참나무 6형제 | 도토리와 쌀의 엇갈린 운명)

8월  세상을 지탱하는 열매 이야기 …… 108
   알아 두면 좋을 자연 이야기 …… 126
   (옥수수는 '수염 난 여자' | 도꼬마리에서 얻은 발명 아이디어)

## 가을

**9월** **멀리멀리 날아가려는 열매들** …… **128**
알아 두면 좋을 자연 이야기 …… 146
(식물들의 다양한 이동 방법 | 숲을 가꿔 주는 청설모)

**10월** **새들을 부르는 빨간 열매** …… **148**
알아 두면 좋을 자연 이야기 …… 166
(가을에도 꽃은 피어나고 | 새들은 왜 빨간 열매를 좋아할까?)

**11월** **나뭇잎의 새로운 삶, 낙엽 이야기** …… **168**
알아 두면 좋을 자연 이야기 …… 186
(낙엽이 지는 이유 | 흙을 만드는 동물들)

## 겨울

**12월** **저마다 다르게 살아가는 나무들** …… **188**
알아 두면 좋을 자연 이야기 …… 206
(늘푸른나무의 비결 | 작은 나무가 숲을 지킨다!)

**1월** **스스로 상처를 치유하는 가로수** …… **208**
알아 두면 좋을 자연 이야기 …… 224
(나무의 미래, 겨울눈 | 스스로 치유하는 나무들)

**2월** **새봄을 준비하는 로제트 식물** …… **226**
알아 두면 좋을 자연 이야기 …… 244
(겨울을 견디는 로제트 | 뽕나무는 왜 뽕나무일까?)

여행을 시작하며

자연 관찰을
밥 먹는 것보다 더 좋아하는
노총각 삼촌이 있습니다.

그런 삼촌을 내심
좋아하면서도
겉으로는 늘 놀려 대는
초등학생 조카가 있습니다.

학교 다니랴 학원 다니랴
너무 바빠서 TV도 실컷 못 보고
게임도 맘껏 못 하는 조카에게
삼촌은 새로운 즐거움을
선사해 주고 싶습니다.

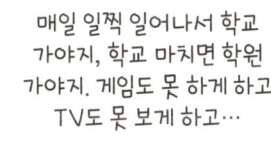

도시에서도,
아파트 단지에서도,
동네의 작은 공원에서도
얼마든지 멋지고 신기한 자연을 만날 수 있습니다.
풀꽃 한 송이, 나무 한 그루에도
재미난 이야기들과 다양한 의미들이 담겨 있으니까요.
어른아이 같은 삼촌과 애어른 같은 조카가 떠나는
알콩달콩 식물여행.
여러분도 함께 출발해요.

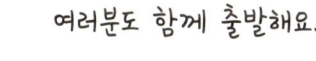

# 3월

## 봄을 재촉하는 목련 이야기

Tip 수술의 꽃가루가 날려서 암술머리에 달라붙는 것. 꽃가루받이를 해야 열매와 씨앗이 만들어진다.

# 알아 두면 좋을 자연 이야기

## 마을의 터줏대감 까치

　까치는 우리나라의 대표적인 텃새입니다. 기러기나 두루미처럼 계절에 따라 서식지를 옮기는 철새와 달리, 텃새는 일 년 내내 같은 지역에 터를 잡고 살아요. 동네에서 흔히 볼 수 있는 참새, 직박구리, 박새 등도 모두 텃새랍니다.

　까치는 봄에 둥지를 짓고 번식을 해요. 10미터가 넘는 높은 나무꼭대기에 아주 큰 집을 짓기 때문에 쉽게 눈에 띄지요. 그렇게 높이 짓는 이유는 딱 하나, 위험한 천적으로부터 알이나 새끼들을 보호하기 위해서랍니다. 둥지의 주된 재료는 나뭇가지인데, 크고 작은 가지들을 다 합치면 개수가 무려 2천여 개나 된다고 해요.

　까치가 울면 반가운 손님이 온다는 얘기를 들어 보았을 거예요. 이건 옛사람들이 그냥 지어낸 말이 아니고, 나름의 근거를 갖고 있어요. 까치는 마을 근처에 둥지를 짓고 살기 때문에 그 동네 사람들을 대부분 알아보고 구분할 수 있어요. 그런데 어느 날 다른 동네에서 낯선 사람이 오면 어떨까요? 동료 까치들이나 새끼들에게 조심하라는 의미로 "깍깍—" 신호를 보내겠지요? 사람들이 듣기엔 그게 마치 손님을 반기는 소리처럼 들렸던 모양이에요. 그래서 그런 말이 생겨난 거랍니다.

까치

어치(산까치)

물까치

**까치 삼형제**
까치, 어치, 물까치는 모두
까마귓과에 속하며
생김새, 크기, 식성이 비슷하다.

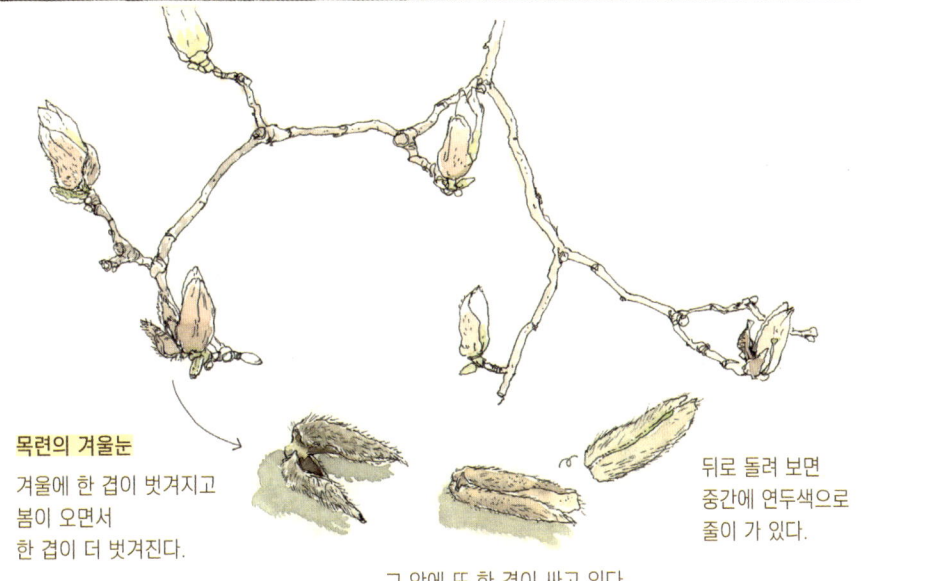

**목련의 겨울눈**
겨울에 한 겹이 벗겨지고
봄이 오면서
한 겹이 더 벗겨진다.

그 안에 또 한 겹이 싸고 있다.

뒤로 돌려 보면
중간에 연두색으로
줄이 가 있다.

## 목련, 나무 위의 연꽃

우리나라에 목련이 없는 동네는 아마 없을 거예요. 공원, 주택가, 아파트 단지 등 사람들이 모여 사는 거의 모든 곳에서 볼 수 있는데요. 봄이 되면 하얗게 피어나는 목련꽃은 더없이 싱그럽고 청아한 느낌을 주지요. 피었다 싶으면 어느새 져 버리지만, 그 아름다운 자태를 잠깐이나마 감상하기 위해서 너도 나도 목련나무를 심는 것 같아요.

목련의 '목(木)'은 나무이고 '련(蓮)'은 연꽃이에요. 나무에 피는 연꽃이라는 뜻이지요. 자세히 보면 정말로 연꽃과 비슷하게 생겼어요. 참고로, 연꽃은 연못에 피는 꽃이고 나무가 아니라 풀에 속한답니다.

우리가 흔히 보는 목련의 정확한 이름은 '백목련'이에요. 목련의 종류는 이것 말고도 많답니다. 자목련이나 자주목련처럼 자줏빛 꽃을 피우는 것이 있는가 하면, 잎이 굉장히 크고 향기가 강한 일본목련도 있어요. 태산목이나 튤립나무도 모두 목련과에 속하는 나무들이랍니다.

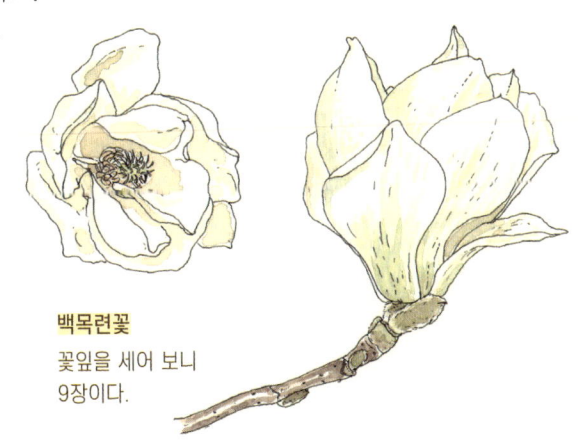

**백목련꽃**
꽃잎을 세어 보니
9장이다.

# 4월

## 서로 돕는 꽃과 곤충들

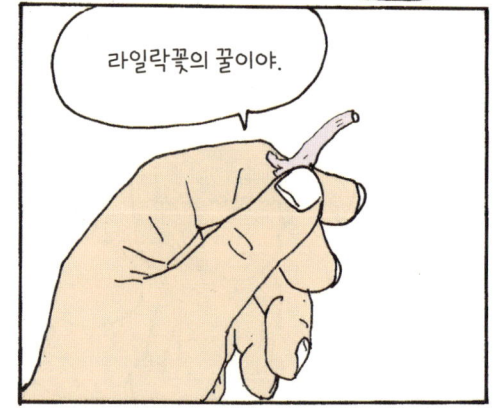

## 알아 두면 좋을 자연 이야기

### 제비꽃은 왜 제비꽃일까?

　모든 식물에는 이름이 있고 그 이름에는 저마다의 유래가 있어요. 봄이 되면 양지 바른 곳에 보라색으로 무리 지어 피어나는 제비꽃! 그 이름의 유래는 뭘까요? 혹시 제비와 관계가 있을까요? 맞아요! 강남 갔던 제비가 돌아올 무렵(음력 3월 초)에 핀다고 해서 제비꽃이 된 거랍니다.

　제비꽃은 '오랑캐꽃'이라는 또 다른 이름도 갖고 있어요. 먼 옛날 북방의 오랑캐들이 식량을 약탈하기 위해 우리의 국경을 침범하던 때가 주로 봄철이어서 그런 이름이 붙었다고 해요. 꽃 생김새가 북방 오랑캐들 특유의 두발 모양, 즉 '변발'을 닮아서 그렇게 불렀다는 말도 있고요.

　제비꽃의 이름은 그 밖에도 아주 다양해요. 키가 작아서 '앉은뱅이꽃', 씨름하는 자세 같아서 '씨름꽃', 병아리처럼 귀여워서 '병아리꽃', 집 주변에 핀다고 '문패꽃' 등등. 지역마다 사람마다 여러 이름으로 불렀던 친숙한 꽃이 바로 제비꽃이랍니다.

　영어로는 이 꽃을 '바이올렛(violet)'이라고 불러요. 그런데 바이올렛은 '보라색'을 뜻하기도 하지요. 보라색을 띤 꽃 이름이 그대로 그 색깔의 명칭이 된 거예요.

**제비꽃 관찰하기**
꿀주머니가 뒤쪽으로 튀어나와 있다.
그렇게 튀어나온 부분을 '거'라고 부른다.

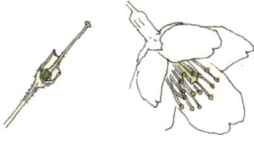

**벚꽃 관찰하기**
암술이 수술보다 길이가 짧고
안에 들어가 있다. 수술의 길이는 다양하다.
꽃잎 가운데가 움푹 파여 있다.

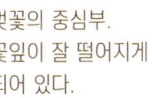

벚꽃의 중심부.
꽃잎이 잘 떨어지게
되어 있다.

아래쪽을 보면 꽃잎과 꽃잎이 겹쳐지는
지점에 정확히 꽃받침이 붙어 있다.

## 벚꽃의 생존 전략

봄 하면 떠오르는 꽃들 중 벚꽃을 빼놓을 수 없지요. 해마다 4월이면 벚꽃이 장관을 이뤄서 벚나무가 많은 곳엔 관광객들이 구름처럼 넘쳐나요. 잎이 나오기 전에 꽃이 먼저 피어서 마치 나뭇가지에 팝콘을 매달아 놓은 것처럼 보여요.

나무들은 생존과 번식을 위해서 다양한 작전을 구사해요. 가장 흔한 건 꽃을 차근차근 계속 피어나게 해서 오랫동안 꾸준히 곤충들이 찾아오게 하는 거지요. 그런데 벚나무는 약간 다른 작전을 사용한답니다. 모든 꽃들이 한순간에 일제히 피어나게 하는 거예요.

**산벚나무 열매**

벚나무는 왜 한꺼번에 꽃을 피우고 한꺼번에 지게 할까요? 간단해요. 많은 꽃들이 동시에 피어나면 굉장히 화려하고 멀리서도 눈에 잘 띄겠지요? 그러면 주위의 모든 곤충들이 벚나무를 향해 모여들 거예요. 녀석들에게 벚나무는 일종의 잔칫집인 셈이지요. 곤충이 많이 모여들수록 꽃가루를 많이 묻히게 되고, 꽃가루받이의 성공률도 그만큼 높아지게 돼요.

**왕벚나무 열매**

한자리에 가만히 서 있는 나무들도 알고 보면 이렇게 번식을 위해 다양한 작전을 준비하고, 주변 상황에 잘 적응해서 살아가고 있답니다.

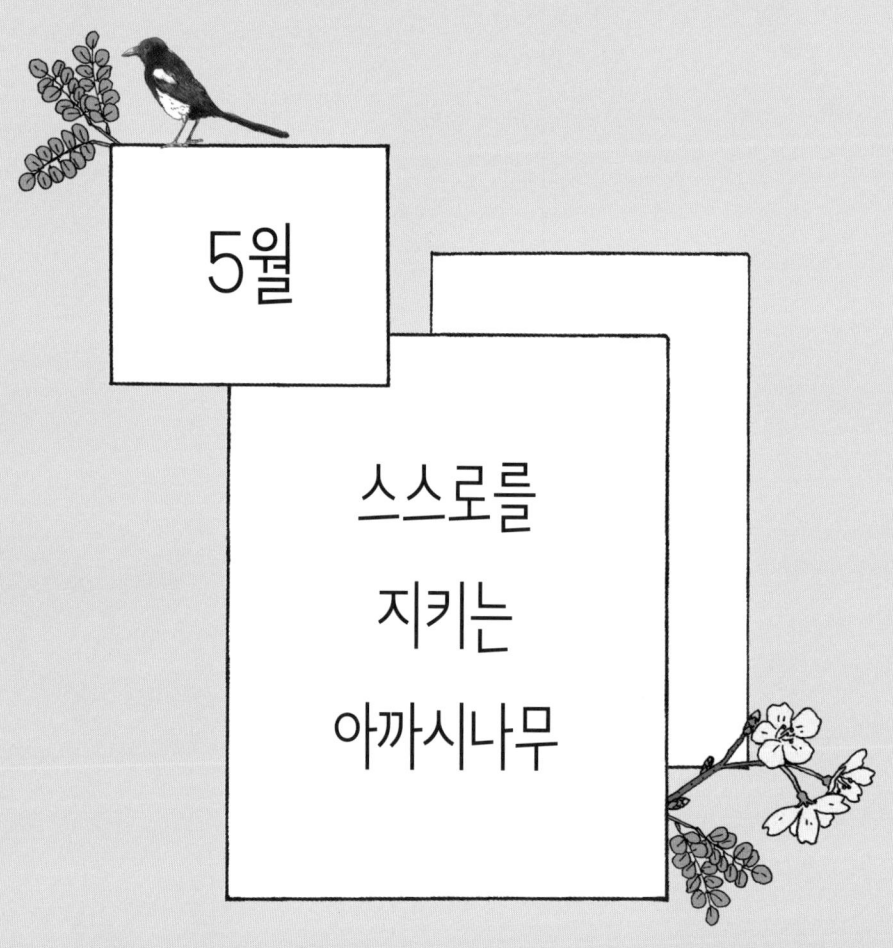

# 5월

## 스스로를 지키는 아까시나무

# 알아 두면 좋을 자연 이야기

## 애기똥풀은 왜 노란 액체를 만들까?

봄에 길가에 노랗게 피어난 애기똥풀. 그 꽃을 꺾으면 누구나 잠깐 멈칫하게 돼요. 꺾인 줄기에서 노란 액이 나오거든요. 그게 애기 똥을 닮았다고 해서 이름도 애기똥풀이 되었답니다.

애기똥풀에서는 왜 노란 액이 나올까요? 그건 스스로를 보호하기 위해서예요. 애기똥풀의 노란 액에는 곤충들이 먹으면 죽거나 기절하는 독이 들어 있어요. 민들레나 씀바귀 줄기의 하얀 액도 마찬가지고요. 이렇듯 모든 식물들은 나름의 독을 갖고 있답니다. 곤충이나 초식동물들이 다 뜯어먹어 버리면 그 식물은 살아남을 수 없고 종자를 퍼뜨릴 수도 없으니까요.

식물들 중에서 강력한 독은 나무보다 풀에 더 많다고 해요. 아무래도 풀이 나무보다 더 작고 약하니까, 그만큼 강한 독이 필요하겠지요.

그래도 곤충이나 동물들은 자기가 먹기 좋은 식물들을 찾아내면서 자연에 적응하여 살고 있어요. 만약 식물 한 종이 사라진다면 그걸 먹고 사는 곤충이나 동물들이 사라지고, 먹이사슬이 깨지면서 자연의 균형도 파괴되겠지요. 우리가 생태계를 잘 보전해야 하는 이유가 바로 거기에 있답니다.

**애기똥풀 관찰하기**

**아까시나무 꽃**

**아까시나무의 열매와 씨앗**

씨앗을 확대해서 보면 규칙적인 줄무늬가 있다.

콩과에 속하는 식물이어서 콩을 닮은 열매가 열린다.

## 아까시나무는 억울하다!

　5월이 되면 짙은 향기를 풍기며 온 산을 하얗게 물들이는 나무! 흔히 '아카시아'라 부르는 그 나무의 정확한 이름은 '아까시나무'랍니다. 아카시아라는 나무는 따로 있고 생김새도 전혀 달라요.

　우리 주변엔 아까시나무를 싫어하는 사람이 많아요. 일제강점기 때 일본인들이 한반도의 나무들을 다 베어 내고 그 자리에 아까시나무를 심었다는 거예요. 경제적 가치도 별로 없고, 다른 나무들을 못살게 굴고, 심지어 뿌리가 조상들의 무덤을 파헤친다고 해요. 그런데 그게 과연 맞는 얘기일까요?

　일제강점기 때 일본인들이 이 나무를 들여온 건 맞아요. 하지만 전국적으로 널리 심은 건 해방 이후랍니다. 아까시나무는 알고 보면 아주 고마운 나무예요. 뿌리에 서식하는 뿌리혹박테리아가 식물들의 필수 영양소인 질소를 땅에 고정시켜 주기 때문에 토양이 건강해져요. 또 우리가 먹는 꿀의 절반 이상이 아까시나무에서 채취될 정도로 경제적 가치가 높아요. 게다가 산사태 예방 기능까지 있어요. 뿌리가 땅속 깊이 뻗지 않고 옆으로 얕게 뻗기 때문에, 흙이 무너지지 않도록 꽉 붙잡아 주거든요.

　아마도 일제강점기의 안 좋은 기억들이 아끼시나무에게 이런저런 누명을 씌운 것 같아요. 하지만 그런 오해는 빨리 푸는 게 좋겠지요? 이제 지나가다 아까시나무를 만나면 반갑게 손을 내밀어 쓰다듬어 주기로 해요.

**아까시나무 잎**

여러 개의 작은 잎들이 모여서 달려 있다. 이런 잎을 '겹잎'이라고 한다.

# 6월

## 도움을 주고받는 나무들

# 알아 두면 좋을 자연 이야기

### 자연에 대한 흔한 오해

　5월에서 6월 사이에 피는 모란은 향이 아주 진합니다. 선덕여왕 설화 때문에 '모란=향기 없는 꽃'이라고 알고 있는 사람들이 아주 많아요. 아마도 후세 사람들이 여왕의 지혜를 강조하기 위해서 만들어 낸 이야기가 아닐까 싶어요.

　식물에 대해 잘못 알려진 이야기들은 이 밖에도 아주 많아요. 그중 하나가 나이테에 관한 건데요. 흔히 나이테의 간격을 보면 방향을 알 수 있다고들 하는데 꼭 그렇지는 않답니다. 숲속에서는 나무들이 빽빽하게 붙어서 살기 때문에 반드시 남쪽으로 가지를 길게 뻗지도 않고, 남쪽 방향 나이테의 간격이 반드시 더 넓은 것도 아니에요.

　외래종에 관한 얘기도 마찬가지예요. 서양민들레, 미국자리공, 돼지풀, 서양등골나물 같은 외래종 식물들을 흔히 몹쓸 침략자 바라보듯 하는데, 식물들에게는 국경이 없어요. 그 식물들은 바람을 타고 날아왔고, 원산지의 자연환경 때문에 그런 특성을 갖고 있을 뿐이지요. 그들이 터를 잡고 자라면서 비옥하게 만들어 놓은 땅에 훗날 우리의 토종 식물들이 자랄 수도 있어요. 동물이나 식물의 세계를 인간의 기준에 따라 억지로 나누지 않았으면 좋겠어요.

모란

등꽃

꽃이 지면서 안에 작은 열매가 생겨난다.

## 쓸모 많은 덩굴, 등나무

나무들은 크게 한줄기나무(교목), 여러줄기나무(관목), 덩굴나무 등 세 종류로 나뉘는데요. 등나무를 비롯해서 칡, 으름, 다래, 머루, 담쟁이 등은 덩굴나무에 속해요. 다른 나무를 휘감고 의지하면서 올라가지요. 그러려면 단단하지 않고 부드러운 조직으로 길게 자라야 해요. 특히 어릴 적에 쑥쑥 잘 자라야 하고요. 그래야 다른 나무에 쉽게 올라타서 감길 수 있으니까요.

등나무는 부드러운 특성 때문에 예로부터 이런 저런 생활용품에 다양하게 활용되어 왔어요. 바구니나 의자도 만들고, 옛날엔 갑옷이나 방패도 만들었다고 해요. 무엇보다도 등나무는 한여름에 우리에게 시원한 그늘을 만들어 주지요. 지금도 시골 마을에 가면 등나무 줄기로 햇볕을 가린 쉼터들이 아주 많아요. 그리고 꽃이 피면 향이 아주 은은하게 멀리까지 퍼져요. 나중에 콩처럼 생긴 열매가 열리는데, 먹을 수도 있다고 해요.

주위에서 흔하게 보이는 식물들도 알고 보면 이렇게 우리에게 많은 도움을 주고 있답니다.

등나무 열매
콩꼬투리 같은 열매가 열리고 안에는 콩 같은 씨앗이 들어 있다.

열매가 익으면 뒤틀리면서 터진다. 그때 씨앗이 멀리 날아간다.

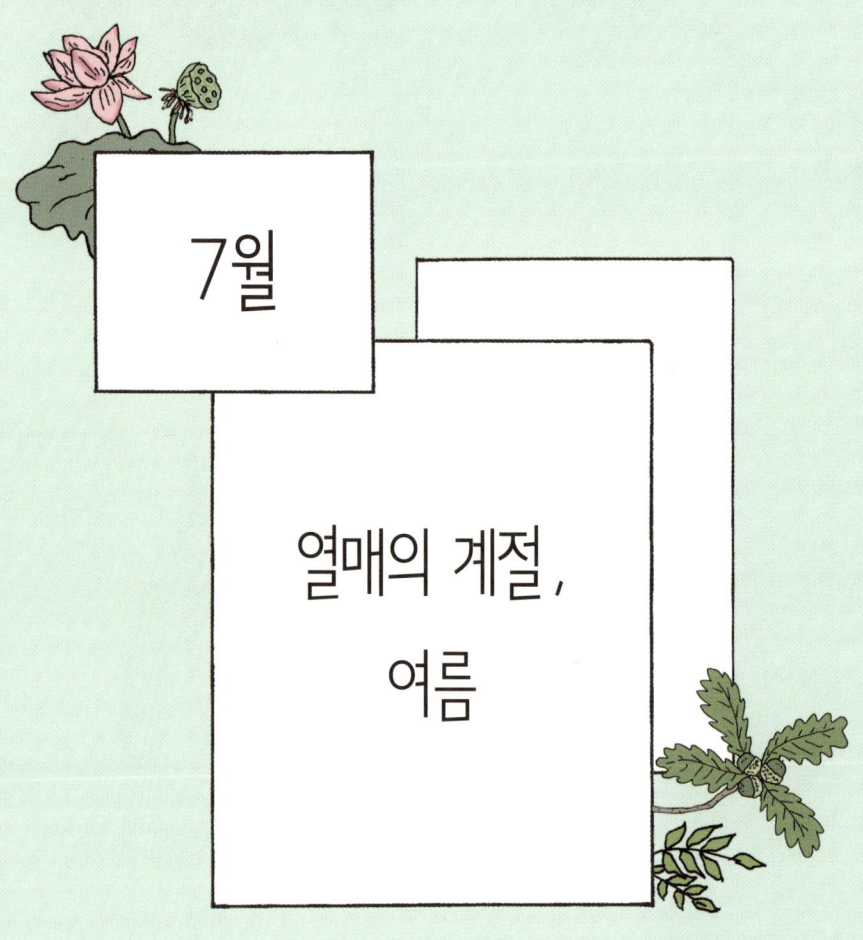

# 7월

## 열매의 계절, 여름

# 알아 두면 좋을 자연 이야기

## 알콩달콩 참나무 6형제

도토리가 열리는 나무를 흔히 참나무라고 불러요. 하지만 식물도감에 '참나무'라는 이름의 나무는 한 그루도 없어요. 물론 '도토리나무'도 없고요. 왜 그럴까요?

참나무는 하나의 특정한 나무 이름이 아니고 참나뭇과에 속하는 여러 나무들을 아우르는 명칭이에요. 쉽게 말하면, 도토리가 열리는 나무는 모두 참나무인 거지요. 한반도 남부에 주로 분포하는 가시나무를 빼면 중부지방에서 흔히 볼 수 있는 참나무는 6종류랍니다. 떡갈나무, 신갈나무, 굴참나무, 갈참나무, 졸참나무, 상수리나무…. 이렇게 여섯 종의 나무들을 흔히 '참나무 6형제'라고 불러요.

참나무 형제들은 잎 모양이나 도토리의 모양, 크기 등이 저마다 달라서 조금만 관심을 갖고 관찰해 보면 누구나 구분할 수 있어요. 참고로, 지구상에는 수백 종류의 참나무가 있다고 해요.

신갈나무 잎과 도토리

## 도토리와 쌀의 엇갈린 운명

'도토리가 풍년이면 쌀은 흉년'이라는 말이 있어요. 무슨 뜻일까요? 흉년이 들면 쌀이 모자라서 도토리를 많이 먹었을 거라는 건 짐작이 되는데, 왜 쌀과 도토리는 풍년 흉년이 서로 반대일까요? 쌀은 벼의 열매지요. 벼는 논에 물이 충분히 차 있고 비도 충분히 와야 잘 자라는 식물이에요. 봄과 여름에 가뭄이 들면 당연히 가을 추수 때 흉년이 되겠지요.

도토리는 달라요. 도토리가 열리려면 참나무 꽃의 꽃가루가 바람에 날아가서 꽃가루받이가 활발하게 일어나야 해요. 그런데 봄에 비가 많이 오면 꽃가루들이 멀리 날아가지 못하고 대부분 땅으로 떨어져 버려요. 그러면 꽃가루받이가 제대로 안 되니까 도토리가 많이 안 열리겠지요? 즉, 도토리는 봄에 비가 적게 오고 날씨가 가물수록 많이 열리게 되는 거예요. 바로 이런 이유 때문에 쌀이 풍년이면 도토리는 흉년이고, 거꾸로 쌀이 흉년이면 도토리는 풍년이 되는 거랍니다.

## 다양한 도토리들

떡갈나무 도토리

굴참나무 도토리

상수리나무 도토리

졸참나무
도토리

갈참나무
도토리

신갈나무
도토리

가시나무
도토리

# 8월

## 세상을 지탱하는 열매 이야기

Tip 암술머리와 씨방 사이에서 암술머리를 받쳐 주는 기관.

# 알아 두면 좋을 자연 이야기

## 옥수수는 '수염 난 여자'

　한국인을 비롯한 인류가 가장 많이 먹는 곡물은 쌀일 거예요. 그럼 지구에서 가장 많이 재배되는 곡물은 뭘까요? 역시 쌀? 아니면 보리나 밀? 정답은 옥수수랍니다.
　그 많은 옥수수를 대체 누가 다 먹을까요? 동물들이 먹어요. 사람이 먹는 건 전체 생산량의 5퍼센트밖에 안 되고 나머지 95퍼센트는 대부분 가축의 사료로 쓰이거든요(특히 14억 마리나 되는 소들의 주식이지요). 옥수수에서 추출된 액상 과당은 다양한 가공식품에 들어가요. 그 밖에 식용유나 친환경 바이오 연료의 재료로도 쓰이지요.
　옥수수는 수꽃과 암꽃이 따로 피어요. 수꽃은 줄기 꼭대기에 안테나처럼 달리고 암꽃은 줄기 겨드랑이에서 피는데, 암꽃에서 수염처럼 길게 자라나는 부분을 '암술대'라고 해요. 그러니까 옥수수수염은 남자가 아니라 여자인 셈이지요. 수꽃가루가 바람에 날려가다가 암술대(수염)에 묻으면서 꽃가루받이(수분)가 돼요. 그러면 수염이 갈색으로 변하면서 그 수염 개수만큼 옥수수 알이 생겨나요. 그걸 우리가 먹는 거지요. 참고로, 옥수수는 수꽃이 진 다음에 암꽃이 피기 때문에 같은 줄기의 암꽃과 수꽃끼리는 열매를 만들지 않아요. 서로 다른 줄기의 암수끼리만 번식을 한답니다.

옥수수수염
암꽃에서 길게 자라나는
이 수염을 '암술대'라 부른다.

꽃가루받이가 되면
수염의 개수만큼
옥수수 알이 생겨난다.

**도꼬마리 열매**
열매 주변에 갈고리 달린 가시들이 빼곡히 나 있다. 이 갈고리로 동물의 털이나 사람의 옷에 달라붙는다.

## 도꼬마리에서 얻은 발명 아이디어

　도꼬마리는 아주 신기하게 생겼어요. 땅콩 크기의 열매 표면에 뾰족뾰족 가시가 잔뜩 나 있답니다. 자세히 들여다보면 가시 끝부분이 갈고리 모양으로 휘어져 있어요. 덕분에 어디든 단단히 달라붙을 수 있지요.
　식물은 스스로 움직이지 못하기 때문에 열매나 씨앗을 이용해서 이동하는 전략을 써요. 방법은 식물마다 조금씩 다른데 도꼬마리나 도깨비바늘, 가막사리 등은 동물의 털이나 사람의 옷에 달라붙어서 멀리까지 이동하지요. 그런 열매가 옷에 달라붙으면 귀찮고 성가시겠지만, 거기에서 멋진 아이디어를 얻은 사람도 있어요. 스위스의 전기 기술자 조르주 드 메스트랄이 그 주인공이랍니다.
　그는 어느 날 산책 도중에 반려견의 털과 자기 옷에 달라붙은 도꼬마리를 떼어 내다가 '아! 이렇게 붙였다 뗐다 할 수 있는 천이 있으면 아주 편리하겠구나'라는 생각을 하게 돼요. 그가 도꼬마리를 자세히 관찰하고 그 모양을 본떠서 만든 발명품이 바로 우리가 '찍찍이'라 부르는 벨크로 테이프예요. 벨크로는 '벨루어(벨벳 천)'와 '크로셋(고리)'을 합친 단어인데요. 그 아이디어 덕분에 그는 회사를 차려서 크게 성공한 기업가가 되었답니다.

# 9월

## 멀리멀리 날아가려는 열매들

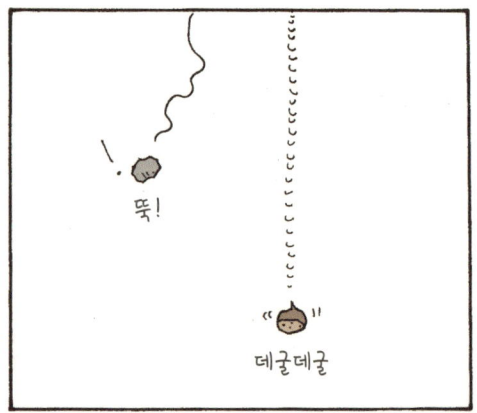

# 알아 두면 좋을 자연 이야기

## 식물들의 다양한 이동 방법

 땅에 뿌리를 내리고 살아가는 식물들은 위험으로부터 자기를 보호하기가 어려워요. 애벌레가 잎을 갉아먹는 것을 막기 위해 독을 만들어 냈지만 산불이나 천재지변은 피할 수가 없지요. 그래서 한곳에 모여 살지 않고 최대한 멀리 퍼져서 살고자 해요. 유일하게 움직일 수 있는 때가 바로 열매를 맺는 시기이기 때문에, 그때 다양한 작전을 써서 열매나 씨앗을 이동시킨답니다. 후손들을 널리 퍼뜨리기 위해서예요.

 바람을 이용해서 날아가는 씨앗들은 날개형과 솜털형으로 나뉘어요. 단풍나무, 소나무, 가죽나무, 물푸레나무 등은 날개가 달린 열매를 만들지요. 버즘나무, 버드나무, 박주가리, 민들레, 국화, 뽀리뱅이 등은 솜털이 달린 씨앗을 만들어 멀리 날려 보내고요.

단풍나무 씨앗

솔방울
(소나무 열매)

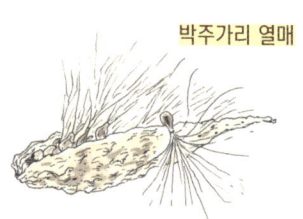
박주가리 열매

 동물을 이용하기도 해요. 산수유, 벚나무, 찔레, 팥배나무 등은 새나 동물들에게 먹혀서 배설물을 통해 이동하지요. 도꼬마리나 도깨비바늘은 동물 털에 달라붙어 이동하고 밤이나 도토리, 잣, 호두처럼 딱딱한 열매들은 청설모나 어치(산까치) 등이 겨울나기를 준비하며 땅에 묻어서 번식시켜 준답니다. 등나무 열매, 콩, 봉숭아, 제비꽃 열매처럼 스스로 터져서 멀리 가는 것들도 있고, 물에 떠가는 씨앗들도 있어요. 식물들은 이렇듯 환경에 맞춰 다양한 방법으로 이동하고, 그 방법에 따라 다양한 생김새를 가지고 있답니다.

버찌(벚나무 열매)

팥배나무 열매

등나무 열매

오디(뽕나무 열매)

굴참나무 도토리

## 숲을 가꿔 주는 청설모

　청설모는 외래종이라며 싫어하고 다람쥐만 좋아하는 사람들이 있는데, 그건 오해예요. 청설모는 오래전부터 우리 땅에서 살아온 한반도 토착 생물이거든요. 원래는 '청서'라고 부르다가 이 동물의 털로 붓을 만든다고 해서 '청서모(모(毛)=털)'로 바뀌었고 그게 다시 '청설모'로 변한 거랍니다. 얼핏 보면 거무튀튀하고 좀 사나워 보이지만 자세히 보면 다람쥐 못지않게 아주 귀엽습니다.

　다람쥐가 가을에 도토리를 땅에 묻고 깜빡해서 그 도토리가 싹을 틔워 숲을 만든다는 얘기를 들어 본 적이 있을 거예요. 그런데 그 주인공은 사실 다람쥐가 아니고 청설모일 가능성이 크답니다.

　다람쥐는 겨울잠을 자는데, 자기 전에 도토리를 모아 두긴 하지만 한두 군데에 한꺼번에 묻거든요. 반면 청설모는 겨울잠을 자지 않고 도토리도 두세 알씩 수십 군데 나눠서 묻어요. 숲속에는 반달가슴곰이나 멧돼지처럼 도토리를 좋아하는 동물이 많기 때문에, 한군데 묻었다가 들키면 모조리 빼앗기게 되니까요. 그렇게 여기저기 묻다 보니 깜빡하고 못 먹는 게 많고, 그 도토리들이 봄에 싹을 틔워 참나무가 되는 거지요.

청설모

　청설모 외에 어치도 도토리를 땅에 묻는 습성이 있어요. 우리가 숲에서 만나는 참나무들 중엔 이렇듯 동물들이 심은 나무가 아주 많을 거예요.

다람쥐

## 10월

### 새들을 부르는 빨간 열매

Tip 해충들이 겨울을 나도록 유인하기 위해 나무에 말아 놓은 볏짚.

# 알아 두면 좋을 자연 이야기

## 낙엽이 지는 이유

　추위가 시작되면 나무들은 겨울을 준비해요. 여름 내내 만들었던 양분을 줄기나 뿌리로 보내고 잎을 떨어뜨리는 거지요. 나뭇잎에는 수분이 있는데 겨울에는 그게 얼어붙기 쉬워요. 그리고 잎이 증산작용을 하려면 나무가 물을 흡수해야 하는데, 겨울엔 땅이 꽁꽁 얼기 때문에 수분을 빨아들이기도 어렵지요. 이런 어려움들이 있다 보니, 잎을 달고 있기보다는 차라리 떨어뜨리는 편을 선택하는 거랍니다.

　이때 나무는 '떨켜'라는 곳에서 세포분열을 일으켜 줄기와 잎이 닿아 있는 곳을 막아 버려요. 더 이상 수분과 양분이 오가지 못하게 되면서, 녹색이던 잎 색깔이 차츰 달라져요. 이걸 가리켜 '단풍 들었다'고 하지요. 그 잎이 떨어지면 낙엽이 되는 거고요.

　나무는 떨어지는 잎에 노폐물들을 담아서 버려요. 잎에 남아 있던 성분들은 낙엽이 썩으면서 거름이 되어 나무의 생장을 돕지요. 낙엽은 끝이 아니라 새로운 시작이라고 하는 이유가 바로 여기에 있답니다.

**지렁이 똥**

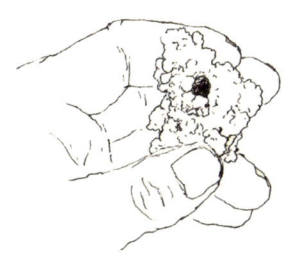

지렁이가 똥을 싸고 몸을 쑥 빼낸
흔적이 구멍으로 남아 있다.
구멍 크기로 지렁이의 크기를 알 수 있다.

## 흙을 만드는 동물들

　나무나 풀이 뿌리를 내리려면 흙에 양분이 많아야 해요. 그러려면 여러 동물들의 도움이 필요하지요. 대표적인 게 지렁이예요. 지렁이는 낙엽과 흙을 먹고 똥을 싸는데 그걸 '분변토'라고 해요. 숲이나 공원을 걷다가 몽글몽글하게 뭉쳐진 흙을 발견했다면? 그게 바로 지렁이 똥이랍니다. 말이 똥이지 실제로는 그냥 흙에 가까워요.

　지렁이는 땅을 파고 들어가면서 흙에 구멍을 내어 공기가 잘 통하도록 도와주고 땅을 비옥하게 만들어요. 덕분에 그곳에서 식물이 자라나지요. 나무도 풀도 지렁이 신세를 톡톡히 지고 있는 거예요.

　지렁이뿐 아니라 많은 생물들이 나뭇잎, 나뭇가지, 동물 사체가 흙이 되는 걸 도와줘요. 그런 생물들을 '분해자'라 불러요. 지네, 공벌레 같은 절지동물들과 수많은 미생물들이 낙엽을 먹고 분해해서 흙으로 만들지요. 분해의 마무리 단계는 '발효'인데, 거름 성분이 충분한 흙으로 변하는 과정이에요. 발효될 때 발생하는 열 덕분에 땅속에 있는 씨앗이나 곤충들이 따뜻하게 지낼 수 있다고 해요. 무심코 밟고 다닌 땅속에서도 참 많은 일들이 일어나고 있지요?

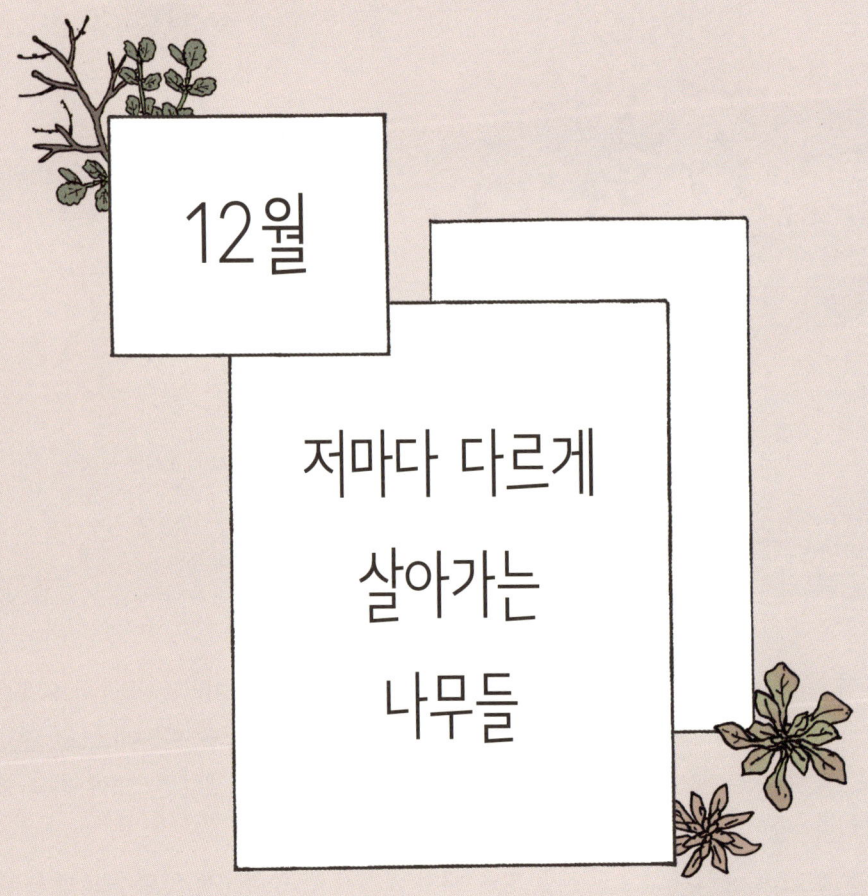

# 12월

## 저마다 다르게 살아가는 나무들

Tip 해충들이 겨울을 나도록 유인하기 위해 나무에 말아 놓은 볏짚.

# 알아 두면 좋을 자연 이야기

## 낙엽이 지는 이유

　추위가 시작되면 나무들은 겨울을 준비해요. 여름 내내 만들었던 양분을 줄기나 뿌리로 보내고 잎을 떨어뜨리는 거지요. 나뭇잎에는 수분이 있는데 겨울에는 그게 얼어붙기 쉬워요. 그리고 잎이 증산작용을 하려면 나무가 물을 흡수해야 하는데, 겨울엔 땅이 꽁꽁 얼기 때문에 수분을 빨아들이기도 어렵지요. 이런 어려움들이 있다 보니, 잎을 달고 있기보다는 차라리 떨어뜨리는 편을 선택하는 거랍니다.

　이때 나무는 '떨켜'라는 곳에서 세포분열을 일으켜 줄기와 잎이 닿아 있는 곳을 막아 버려요. 더 이상 수분과 양분이 오가지 못하게 되면서, 녹색이던 잎 색깔이 차츰 달라져요. 이걸 가리켜 '단풍 들었다'고 하지요. 그 잎이 떨어지면 낙엽이 되는 거고요.

　나무는 떨어지는 잎에 노폐물들을 담아서 버려요. 잎에 남아 있던 성분들은 낙엽이 썩으면서 거름이 되어 나무의 생장을 돕지요. 낙엽은 끝이 아니라 새로운 시작이라고 하는 이유가 바로 여기에 있답니다.

지렁이 똥

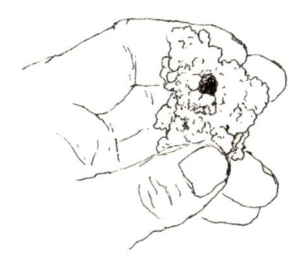

지렁이가 똥을 싸고 몸을 쑥 빼낸
흔적이 구멍으로 남아 있다.
구멍 크기로 지렁이의 크기를 알 수 있다.

## 흙을 만드는 동물들

　나무나 풀이 뿌리를 내리려면 흙에 양분이 많아야 해요. 그러려면 여러 동물들의 도움이 필요하지요. 대표적인 게 지렁이예요. 지렁이는 낙엽과 흙을 먹고 똥을 싸는데 그걸 '분변토'라고 해요. 숲이나 공원을 걷다가 몽글몽글하게 뭉쳐진 흙을 발견했다면? 그게 바로 지렁이 똥이랍니다. 말이 똥이지 실제로는 그냥 흙에 가까워요.
　지렁이는 땅을 파고 들어가면서 흙에 구멍을 내어 공기가 잘 통하도록 도와주고 땅을 비옥하게 만들어요. 덕분에 그곳에서 식물이 자라나지요. 나무도 풀도 지렁이 신세를 톡톡히 지고 있는 거예요.
　지렁이뿐 아니라 많은 생물들이 나뭇잎, 나뭇가지, 동물 사체가 흙이 되는 걸 도와줘요. 그런 생물들을 '분해자'라 불러요. 지네, 공벌레 같은 절지동물들과 수많은 미생물들이 낙엽을 먹고 분해해서 흙으로 만들지요. 분해의 마무리 단계는 '발효'인데, 거름 성분이 충분한 흙으로 변하는 과정이에요. 발효될 때 발생하는 열 덕분에 땅속에 있는 씨앗이나 곤충들이 따뜻하게 지낼 수 있다고 해요. 무심코 밟고 다닌 땅속에서도 참 많은 일들이 일어나고 있지요?

# 12월

## 저마다 다르게 살아가는 나무들

# 알아 두면 좋을 자연 이야기

## 늘푸른나무의 비결

나무는 크게 바늘잎나무(침엽수)와 넓은잎나무(활엽수)로 나뉘어요. 바늘잎나무는 추운 지방에 적응된 나무들인데, 가느다란 잎마다 자동차 부동액처럼 진액을 흐르게 해서 어는점을 낮췄답니다. 그래서 쉬이 얼지 않고 겨울에도 광합성을 계속할 수 있지요.

넓은잎나무는 광합성 효율은 높지만 겨울을 나기는 어려워요. 그래서 추워지면 잎을 떨어뜨리지요.

그런데 넓은잎나무 중에도 겨울에 잎이 남아 있는 나무들이 있어요. 잎을 떨어뜨리지 않는 '늘푸른나무(상록수)'는 대부분 소나무, 잣나무, 주목 같은 바늘잎나무들이지만 넓은잎나무 중에도 사철나무, 동백나무, 가시나무 등은 겨울에도 잎을 달고 있답니다.

늘푸른나무의 잎은 영원히 안 떨어질까요? 그렇지는 않아요. 대신 잎의 수명이 다른 나무들보다 긴 편이에요. 보통 나뭇잎의 수명은 6~7개월인데 소나무 잎은 2~3년, 주목 잎은 2~7년 동안이나 지지 않아요.

그러다 보니 작년에 나온 잎이 아직 안 떨어진 상태에서 올해 새잎이 나오고, 내년에는 재작년 잎은 떨어지지만 작년 잎이 남은 상태에서 새잎이 또 나오지요. 그래서 늘 푸르른 초록을 유지할 수 있는 거랍니다.

| | 넓은잎나무 | 바늘잎나무 |
|---|---|---|
| 2월 |  아직 잎이 안 났다. |  작년에 난 잎이 붙어 있다. |
| 4월 |  새잎이 나온다. |  새잎이 나온다. |
| 10월 |  잎이 진다. |  잎이 그대로 있다. |
| 다음해 4월 |  새잎이 난다. |  재작년 잎은 지고, 작년 잎이 남은 채로 새잎이 난다. |

## 작은 나무가 숲을 지킨다!

한 줄기로 높게 자란 뒤에 가지를 펼치는 '한줄기나무(교목)'와 처음부터 여러 줄기로 낮게 자라는 '여러줄기나무(관목)' 중 어떤 게 더 생존에 유리할까요? 딱 잘라 말할 수는 없어요. 한줄기나무는 높이 올라가니 햇빛도 잘 받고 광합성도 잘하지만 크기가 큰 만큼 에너지가 많이 소모되겠지요? 반면 여러줄기나무는 적은 양의 양분으로도 충분하기 때문에 볕이 잘 안 드는 큰 나무 밑에서도 살아갈 수 있어요.

'못생긴 나무가 산을 지킨다'는 속담이 있어요. 굽은 나무는 아무도 베어 가지 않아서 오랫동안 숲에 남을 수 있다는 뜻이지요. '작은 나무가 숲을 지킨다'는 말도 있어요. 떨기나무나 고사리 같은 작은 식물들은 다양한 동물들의 서식처와 은신처가 되거든요.

산불을 막아 내는 효과도 있어요. 가령 소나무 숲은 소나무 외에 다른 나무가 별로 없고 바람이 잘 통해서 불이 나면 걷잡을 수 없이 번져요. 하지만 건강한 숲에는 참나무 같은 큰 나무들 외에도 작은 떨기나무들이 많고 양치식물, 이끼 등 수분이 많은 식물들이 숲을 가득 메우고 있어서 산불이 느리게 번진답니다. 숲이 건강할수록 산불을 견디는 힘이 그만큼 강해지는 거지요.

그러니까 키 작은 나무들을 무시하면 안 돼요. 그들이 숲을 구하니까요.

소나무 숲에는 작은 나무들이 별로 없고 바람길이 잘 뚫려서 산불이 빨리 번진다.

큰 나무들 밑에 작은 나무와 풀이 많은 건강한 숲은 산불이 번지는 속도가 느리다.

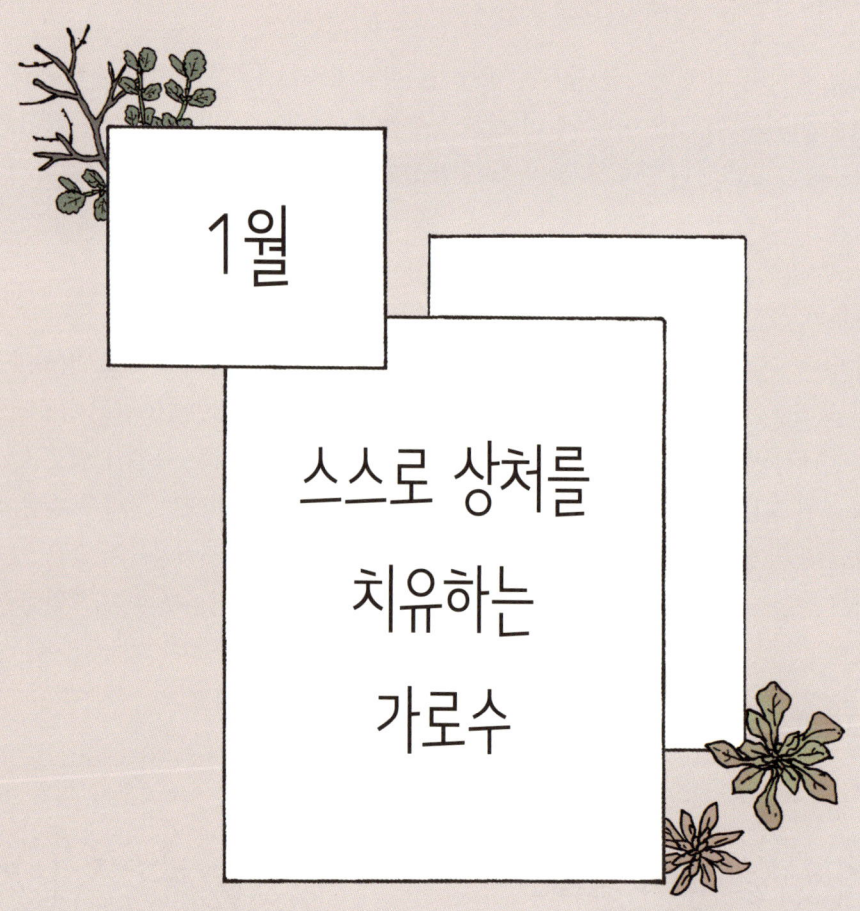

# 1월

## 스스로 상처를 치유하는 가로수

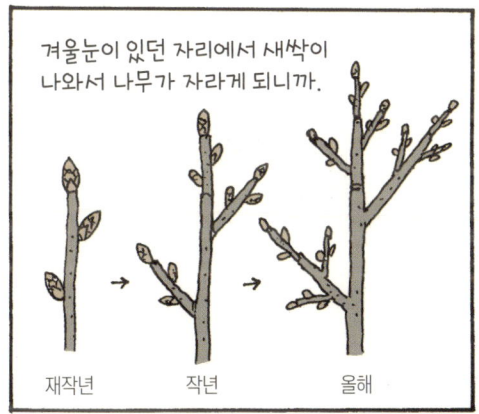

# 알아 두면 좋을 자연 이야기

## 나무의 미래, 겨울눈

　나뭇가지 끝부분에는 '겨울눈'이라는 기관이 달려 있어요. 나무는 바로 이 겨울눈에 양분을 모아 놓은 채 겨울을 나요. 그러다가 새봄이 오면 거기에서 새로 싹이 나오면서 나무가 자라게 되지요. 나무마다 겨울눈의 생김새가 제각기 다르고, 그 모양에 따라서 새로 나오는 가지의 생김새나 위치 등이 달라져요. 그래서 겨울눈만 잘 관찰해도 그 나무가 앞으로 어떻게 자라날지 미리 짐작할 수 있답니다.

　겨울눈을 잘 들여다보면 보면 나무들의 삶을 좀 더 깊게 이해할 수 있어요. 겨울눈 안에 새로 돋아날 잎과 꽃이 들어 있다고 생각하면 봄을 기다리는 마음도 그만큼 커지고요. 추운 1월, 밖으로 나가 다양한 겨울눈을 관찰하는 것도 겨울을 보내는 좋은 방법들 중 하나랍니다.

**나무들의 다양한 겨울눈**

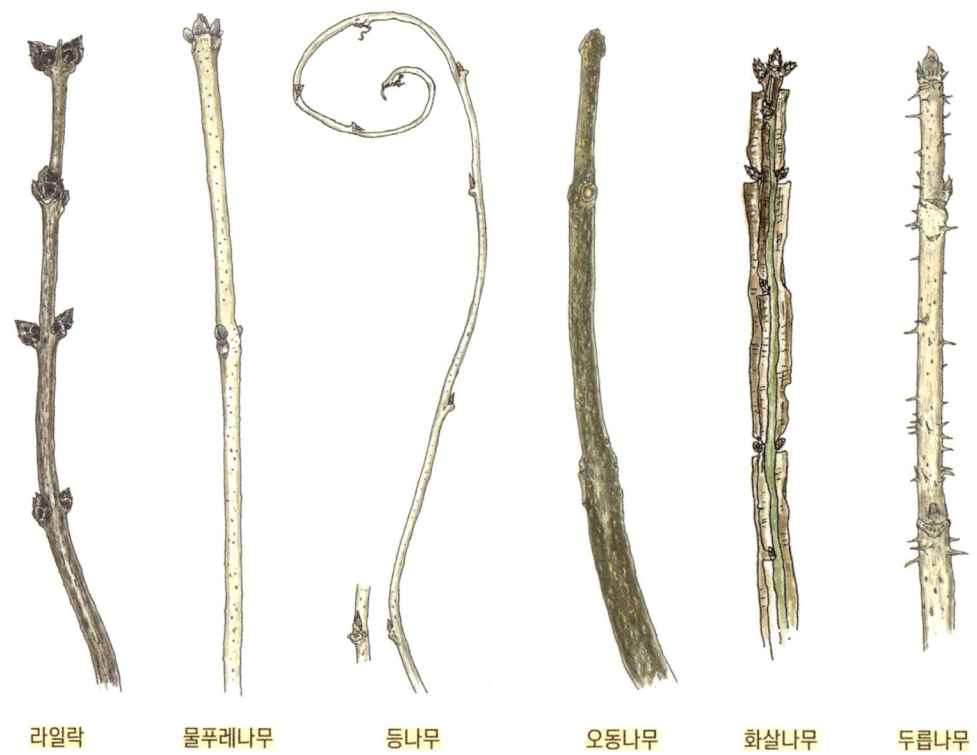

라일락　　물푸레나무　　등나무　　오동나무　　화살나무　　두릅나무

## 스스로 치유하는 나무들

나무들도 살다 보면 상처가 나요. 바람이나 번개, 추위 등에 의해서, 동물들에 의해서, 또는 사람들에 의해서 상처가 나는데, 그러면 그 부위에 수액이 흐르게 됩니다. 건강에 좋다는 고로쇠 물도 고로쇠나무의 수액이에요.

딱따구리 같은 새들, 사슴벌레나 장수풍뎅이 같은 딱정벌레들, 말벌이나 나비 같은 다양한 곤충들도 수액을 아주 좋아한답니다. 나무 입장에서는 힘들겠지만, 숲 전체의 생태계로 보면 상처가 나고 수액이 흐르는 건 여러 생명체들에게 이로운 일이기도 해요.

우리 몸에 상처가 나면 세균이 침투하지 않도록 빨리 치료를 해야겠죠? 나무 역시 새살이 나와서 상처 부위를 덮어 가는데 생김새가 도넛을 닮았어요. 이걸 '새살고리'라 불러요. 새살고리는 몇 년 지나면 모두 덮여서 매끈한 나무껍질의 일부가 된답니다. 스스로 상처를 치유하는 나무들이 정말 신기하지 않나요?

세로로 길게 난 상처는
강한 바람에 버티다가 터졌거나,
수도관처럼 꽃샘추위에 동파되었거나,
번개를 맞아서 생긴 것들이다.

오래된 소나무의 상처는
주로 송진 채취의 흔적.

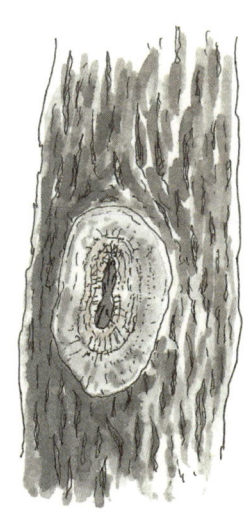

새살이 나와서 상처 부위를
덮어 가고 있다(새살고리).

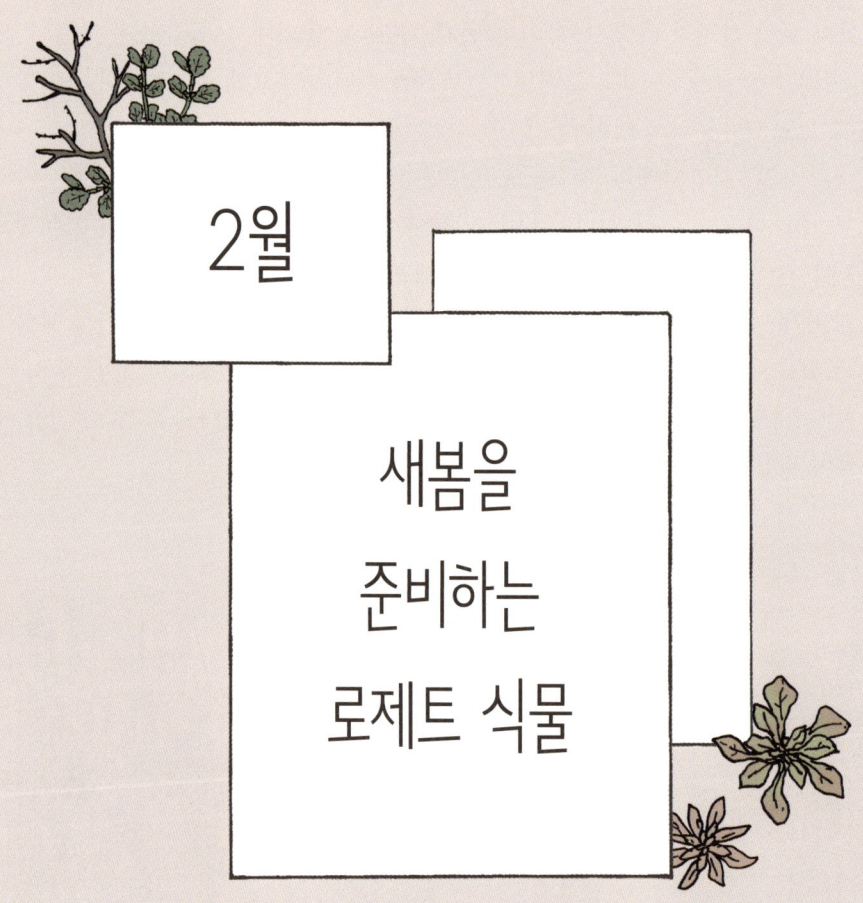

# 2월

## 새봄을 준비하는 로제트 식물

## 알아 두면 좋을 자연 이야기

### 겨울을 견디는 로제트

　로제트는 원래 장미를 닮은 장식품을 뜻해요. 그런데 몇몇 식물들이 겨울을 나는 모습이 그걸 닮았다고 해서 '로제트 식물'이라 부르지요. 다른 말로는 '방석식물'이라고 하고 '근생엽'이라 부르기도 해요.

　로제트 식물은 키를 최대한 낮게 해서 찬바람을 피하고, 땅바닥에 바싹 붙은 채 지열에 의존해서 추위를 견뎌요. 우리가 겨울에 털옷을 입듯 로제트 식물의 몸엔 털이 많아요. 그리고 잎이 서로 겹치지 않도록 사방으로 넓게 펼쳐서 햇볕을 충분히 받아요. 이런 다양한 작전들 덕분에 추운 겨울에도 살아남을 수 있는 거지요. 그러다가 봄이 오면 다른 식물보다 먼저 꽃대를 올리며 꽃을 피우고, 이른 봄에 나온 곤충들을 불러 모아 꽃가루받이를 해요. 우리가 흔히 보는 민들레, 질경이, 냉이, 뽀리뱅이, 애기똥풀, 개망초, 달맞이꽃 등이 모두 다 로제트 식물이랍니다.

달맞이꽃　개망초　냉이　애기똥풀　꽃다지

뽕나무 잎과 열매(오디)

## 뽕나무는 왜 뽕나무일까?

　뽕나무는 전국 어디서나 흔하게 볼 수 있어요. 번식력이 강한 이유도 있겠지만, 더 중요한 건 옛날에 아주 많이 심었기 때문이에요. 왜 그랬을까요? 바로 비단 때문입니다. 조선시대에는 비단 짜는 일을 백성들에게 널리 장려했어요. 그러려면 누에를 많이 키워야 했고, 누에를 먹일 뽕잎이 많이 필요했지요. 그러니 뽕나무가 많을 수밖에요.

　누에는 나방의 한 종류입니다. 나방 애벌레 중에는 실을 뽑아내는 게 많아요. 번데기 시절을 보낼 고치를 만드는 데 실이 필요하니까요. 특히 누에나방은 이미 수천 년 전부터 인간에 의해 길러졌어요. 그 누에고치에서 뽑은 실로 만든 옷감이 바로 가벼우면서도 화려하고 부드러운 최고급 섬유인 비단이랍니다. 중국에서만 생산되던 비단이 서양으로 수출되는 과정에서 상인들이 오가던 길을 '실크로드(비단길)'라 부르는데, 기원전 206년인 한나라 때 처음 뚫렸다고 해요.

　뽕나무라는 이름이 참 재미있지요? 그 이름의 유래는 명확하지 않아요. 흔히 오디(뽕나무 열매)를 먹으면 소화가 잘되고 방귀가 뽕뽕 나와서 그렇다고 하는데, 그건 그냥 웃자고 하는 농담이고요. 옛날 책에 보면 태양이 떠오르는 나무를 '부상나무'라 하는데 세월이 흐르면서 부상나무→부앙나무→붕나무→뽕나무로 바뀌었다는 추측도 있어요. 이것도 제법 그럴듯하지요? 머지않아 여러분 중 누군가가 정답을 찾아내길 기대해 볼게요.

여행은 다들 즐거웠나요?
우리 주변에 생각보다 많은 식물들이 살고 있지요?
식물들은 저마다 자기에게 가장
잘 맞는 방식으로 살면서
다른 생명들과 평화롭게 공존하고 있어요.

우리 역시 그랬으면 좋겠어요.
작은 풀꽃과 아름드리나무가 똑같이 아름답듯
여러분 한 명 한 명도
모두 아름답고 소중한 존재들이니까요.
이 책이 독자 여러분에게
자연의 아름다움과 스스로의 소중함을
함께 느낄 수 있는
좋은 기회가 되었기를 바랍니다.

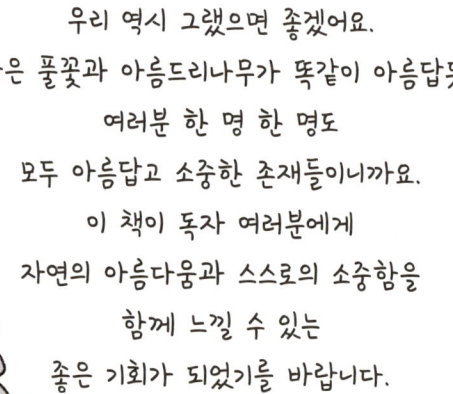